Karl Wilhelm Ramler

Geistliche Kantaten

Karl Wilhelm Ramler

Geistliche Kantaten

ISBN/EAN: 9783743363724

Hergestellt in Europa, USA, Kanada, Australien, Japan

Cover: Foto ©ninafisch / pixelio.de

Manufactured and distributed by brebook publishing software (www.brebook.com)

Karl Wilhelm Ramler

Geistliche Kantaten

Karl Wilhelm Ramlers

geistliche

KANTATEN.

Berlin,
bey Chr. Friedr. Voß. 1768.

Der

Prinzeſſinn

AMALIA,

Aebtiſſinn zu Quedlinburg

Königlichen Hoheit.

(Bey Ueberreichung der Kantate vom Tode Jeſu, welche nach Ihrem eigenhändigen Entwurfe verfertigt ward, um von Ihr ſelbſt in Muſik geſetzt zu werden.)

Von ganzen Walde wählt mein Lied

Die Zeder, die gen Himmel blüht,

Die Rose, von den Blumenbeeten,

Berlin, von allen Königsstädten;

Ich will den Weisen und den Held

Von allen Göttern dieser Welt,

Und von Göttinnen, dieses Weisen

Und dieses Helden Schwester preisen.

Mit allen Grazien hat Sie

Die ewig junge Harmonie,

Des Himmels Tochter, ausgeschmücket.

Auch hat sie tief Ihr eingedrücket

Den Wohllaut, der vom Himmel stammt;

Denn beides ist ihr irdisch Amt:

Sie lehret Eintracht in den Tönen,

Und stimmt das Angesicht der Schönen.

Bald greift die hohe Sängerinn

Nach einer ernsten Harfe hin:

Sie läſst die Saiten Aſſaphs klingen,

Und Ihren Dichter den beſingen,

Der Zions König war, den Held,

Der blutig ſterbend eine Welt

Und eine Nachwelt glücklich machte,

Und Friede vom Olympus brachte.

Amalia, Dein Trauerton

Durchschallt das Land. Ich sehe schon

Der Dankbarkeit und Wehmuth Zeichen,

Geweint von Fürsten, die Dir gleichen:

Ein Engel faßt sie heilig auf,

Bis sie, nach dieser Zeiten Lauf

Dein letztes Diadem zu zieren,

In tausend Perlen sich verlieren.

िe

Hirten bey der Krippe

zu Bethlehem.

Die Hirten bey der Krippe zu Bethlehem.

(Den Eingang macht ein Hirtenlied von Instrumenten gespielt.)

Recitativ.

Hier schläft es, — o wie süſs! — und lächelt in dem Schlafe,
Das holde Kind.

Hier schläft das Kind vom Stamm des Hirten David.

Hier schläft auf weichem Klee, auf frisch gemähten Bluhmen

Der

Der Hirten Gott.
 Ja, ja! der Hirten Gott!
Bald wird man Ströme Milch auf allen Auen sehen,
Wo Lämmer mit den Müttern gehen.
Die Felsen giefsen Oel herab.
Die goldnen Erndten brechen
Aus ungepflügter Erd' hervor.
Aus hohlen Weyden an den Bächen
Rinnt Honig in die Flut.
Wenn Tabor sich und Hermon sich
In neue Blüthen hüllen,
Trägt Karmel dort sein Haupt von Früchten schwer empor.
Der Treiber bindet seine Füllen
An einen Weinbeerbaum,
Und wäschet seines Kleides Saum
In Traubenblut.

Arie.

Arie.

Hirten aus den goldnen Zeiten,
Blaßt die Flöten, rührt die Saiten!
Euer Tagewerk sey Freude,
Euer Leben sey Gesang!

Gott der Hirten, dessen Macht
Aus der Wüste Sin und Kades
Einen Garten Gottes macht,
Ach! mit welchen Zungen
Wird dein Lob gesungen? —
Nimm zum Lobe meine Freude,
Meine Freude sey mein Dank.

Hirten aus den goldnen Zeiten,
Blaßt die Flöten, rührt die Saiten!
Euer Tagewerk sey Freude,
Euer Leben sey Gesang!

Recitativ.

A. Der Löwe wiegt in seinen Klauen
 Das kleine Lamm;
 Aus Einer Hürde gehn die Kühe, die Löwinnen,
 Und ihre Jungen spielen drinnen:
 Denn Schilo weidet, und sein Stab
 Ist sanft, und seiner Nieren Gurt ist Friede.

B. Die Bogen sind zerbrochen,
 Die Wagen sind verbrannt;
 Die Schwerdter fällen Saaten nieder;
 Des Kriegers Lanze steht, und wurzelt in das Land,
 Und strebet in die Luft, und wird ein Oelbaum wieder:
 Denn Schilo weidet, und sein Stab
 Ist sanft, und seiner Nieren Gurt ist Friede.

Duett.

Duett.

A. *Kehre wieder, holder Friede!*
   Mache doch die Kreatur,
   Wie sie war in Edens Flur!
   Ihrer Zwietracht ist sie müde.

B. *Kehre wieder, holder Friede!*
   Komm von deines Gottes Thron,
   Wo du vormals hingeflohn!
   Unsrer Zwietracht sind wir müde.

A. B. *Erd' und Himmel sey, wie vor,*
   Ein Gesang, Ein Chor!

Recitativ.

Die Pestilenz darf ferner nicht
In Finsternissen schleichen;
Der heiße Mittag tödtet nicht,
Und sendet keine Seuchen.
Jehova fähret durch den Himmel,
Und sieht sein seliges Geschlecht.

Un-

Unschädlich rollt sein ehrner Wagen
Hoch über unsern Häuptern hin;
Wir sehen Majestät, und sagen:
„Im Himmel wird Jehova thronen,
„Und unser Schilo wird bey seinen Hirten
 wohnen!„

Arie.

Schönstes Kind aus Juda Samen,
Wachse bald!
Daß es bald ein Himmel werde
Dieses weite Rund der Erde,
Dein gebenedeytes Land.

Lobt, ihr Stummen! hüpft, ihr
 Lahmen,
Wie die Rehe durch den Wald!
Hört, ihr Tauben, unsre Lieder!
Blinde, seht die Schöpfung wieder!
Schmerz und Plage sind verbannt.

Schön-

Schönstes Kind aus Juda Samen,
Wachse bald!
Daß es bald ein Himmel werde
Dieses weite Rund der Erde,
Dein gebenedeytes Land.

Recitativ.

Ach, seht! das Kind erwacht.
Es stralt ein Gott aus seinen Augen.
Ach! welch ein Gott! —
Er tritt auf Magogs Bauch:
Blut klebt an seiner Ferse.
Sie stürzen in den Abgrund,
Die Geister aus der alten Nacht;
Der Abgrund schliefst sich hinter ihnen:
Die Welt ist rein; die Schöpfung lacht.
Nein, keinen Erdensohn,
Den erstgebornen Gottessohn
Hat uns in dieser Mitternacht

Der oberfte der Seraphinen,
Eloa, kund gemacht.
Wir lagen fchaudernd auf dem Boden:
Urplötzlich ward es licht.
Ein ganzes Heer verklärter Himmelsföhne
Stand auf der Luft und fang.
 Vergefs' ich diefes Liedes
 In meinem ganzen Leben:
 So müffe meine Zunge
 An meinem Gaumen kleben.
Stimmt an das Lied der Oberwelt!
Damit es unfer Held,
Der neugeborne Heiland höre.

Chor.
Ehre! Ehre! Ehre!
Ehre fey Gott in der Höhe!
Friede fey auf Erden!
Ein Wohlgefallen den Menfchen!

Der Tod Jesu.

Der Tod Jesu.

Choral.

(Mel: O Haupt, voll Blut und Wunden!)

Du, deſſen Augen floſſen,
 So bald ſie Zion ſahn,
Zur Frevelthat entſchloſſen,
Sich ſeinem Falle nahn,
Wo iſt das Thal, die Höhle,
Die, Jeſu, dich verbirgt?
Verfolger ſeiner Seele,
Habt ihr ihn ſchon erwürgt?

Solo.

Solo.

Sein Odem ist schwach, — seine Tage sind abgekürzet; — seine Seele ist voll Jammer, — sein Leben ist nahe bey der Hölle.

Recitativ.

Ihr Palmen in Gethsemane,
Wen hört ihr so verlassen trauern?
Wer ist der ängstlich sterbende? ; ; ; ;
Ist das mein Jesus? — Bester aller Men-
fchenkinder,
Du zagst? du zitterst? gleich dem Sünder,
Auf den sein Todesurtheil fällt?
Ach seht! er sinkt, belastet mit den Mis-
sethaten
Von einer ganzen Welt.
Sein Herz, in Arbeit, fliegt aus seiner Höhle.
Sein Schweiß rollt purpurroth

Die

Die Schläf' herab. Er ruft: „Betrübt ist
meine Seele
„Bis an den Tod!
„Laſs, Vater, dieſe Stunde , ، ,
„Laſs ſie vorüber gehn!
„Nimm weg, nimm weg den bittern Kelch
von meinem Munde! — —
„Du nimmſt ihn nicht? — — „Wohlan!
dein Wille ſoll geſchehn!„

Arie.

Held, auf den der Tod den Köcher
Ausgeleert,
Hör' am Grabe den, der ſchwächer,
Troſt begehrt!
Gottmenſch, nimm dich ſeiner an!

Wann ich am Rande dieſes Lebens
Abgründe ſehe, wo vergebens
Mein Geiſt zurücke ſtrebt;

Wann

*Wann ich den Richter kommen höre
Mit Wag' und Donner, und die Sphäre
Von feinem Fußtritt bebt:
Welch ein Gott vertritt mich dann?*

*Held, auf den der Tod den Köcher
Ausgeleert,
Hör' am Grabe den, der fchwächer,
Troft begehrt!
Gottmenfch, nimm dich feiner an!*

Choral.

Wen hab' ich fonft, als dich allein,
Der mir in meiner letzten Pein
Kann Stärke, Troft und Hoffnung
geben?
Wer nimmt fich meiner huldreich an,
Wenn ich von dem, was ich begann,
Soll Rechenfchaft dem Höchften geben?
Wer

Wer ift der Freund, der für mich fpricht:
Bift du es, Gott, mein Heiland, nicht?

Recitativ.

Der Held erhebt fich von der Erde,
An feines Engels Hand,
Und fucht die Jünger auf, die feine Seele
   liebet.
Die Jünger hat ein Schlummer übermannt;
Hier liegen fie geftützt, mit trauriger
   Geberde.
Betrachtend fteht der Menfchenfreund, und
   fpricht,
Mit über fie gehängtem holdem Angeficht:
„Der Geift ift willig, nur der Leib ift
   fchwach!„
Und bückt fich, Petrus Hand fanft anzu-
   rühren, nieder:

„Auch

„Auch du bist nicht mehr wach?
„O! wacht und betet, meine Brüder!„

Terzett.

A.B.C. *Rette mich, ich flehe dir,*
Gott der Menschen, Gott der Götter!
Rette mich!

A. *Die mich liebten, fliehn zurück,*
Mächtig sind sie, die mich hassen,
Schwach bin ich.

B. *Offne Gräber drohen mir,*
Stürme, Fluten, Donnerwetter
Rüsten sich.

C. *Sieh, wie mich des Todes Strick',*
Und der Höllen Band' umfassen!
Rette mich!

A.B.C. *Rette mich, ich flehe dir,*
Gott der Menschen, Gott der Götter!
Rette mich!

Tutti.

Tutti.

Herr, höre die Stimme unseres Flehens, wann wir zu dir schreyen, wann wir unsere Hände erheben zu deinem heiligen Chor.

Recitativ.

Es klingen Waffen, Lanzen blinken bey dem Schein
Der Fackeln; Mörder dringen ein,
Ich sehe Mörder! — Ach! es ist um ihn geschehen.
Er aber unerschrocken nahet sich
Den Feinden selbst; grosmüthig spricht er:
„Sucht ihr mich,
„So lasset meine Freunde gehen.„
Die schüchternen Gefährten fliehn auf dieses Wort.
Ihn bindet man, ihn führt man fort.
Sein

Sein Petrus folgt, der einzige von allen,
Er folgt, zur Hülfe schwach, von fern;
Mitleidig folgt er seinem Herrn
Zum schrecklichen Palaste
Des Hohen Priesters Kajaphas.
Was hör' ich hier? — Ach! Petrus selber
spricht:
Ich kenne diesen Menschen nicht? —
Wie tief bist du von deinem Edelmuth
gefallen! —
Doch siehe! Jesus wendet sich,
Und blickt ihn an. Er fühlt den Blick,
Er geht zurück,
Er weinet bitterlich.

Arie.

Ihr weich geschaffnen Seelen,
Ihr könnt nicht lange fehlen;
Bald höret euer Ohr

Das

Das ſtrafende Gewiſſen,
Bald weint aus euch der Schmerz.

Ihr thränenloſen Sünder, bebet!
Einſt, mitten unter Roſen, hebet
Die Reu den Schlangenkamm empor,
Und fällt mit unheilbaren Biſſen
Dem Frevler an das Herz.

Ihr weich geſchaffnen Seelen,
Ihr könnt nicht lange fehlen;
Bald höret euer Ohr
Das ſtrafende Gewiſſen,
Bald weint aus euch der Schmerz.

Tutti.
Unſere Seele iſt gebeuget zur Erden;
O wehe! daſs wir ſo geſündiget haben!

Recitativ.
Jeruſalem, voll Mordluſt, ruft mit wil-
dem Ton:

„Sein

„Sein Blut komm' über uns und unfre Söhn' und Töchter!„
Du fiegft, Jerufalem! und Jefus blutet fchon;
In Purpur ift er fchon des Volkes Hohngelächter:
Damit er ohne Troft in feiner Marter fey,
Damit die Schmach fein Herz ihm breche.
Voll Liebe fteht er da, von Gram und Unmuth frey,
Und trägt fein Dornendiadem. —
Und eine Vatermörderhand fafst einen Stab
Und fchlägt fein Haupt: ein Strom quillt Stirn und Wang' herab. —
Seht, welch ein Menfch! — Des Mitleids Stimme
Vom Richtftul des Tyrannen fpricht:
Seht, welch ein Menfch! — Und Juda hört fie nicht;
Und

Und legt dem Blutenden, mit noch nicht müdem Grimme,
Den Balken auf, woran er langſam ſterben ſoll:
Er trägt ihn willig fort, und ſinkt in Ohnmacht. —
Nun kann kein edles Herz die Wehmuth mehr verſchlieſsen,
Die lang' verhaltnen Thränen flieſsen.
Er aber ſieht ſich tröſtend um, und ſpricht:
„Ihr Töchter Zions, weinet nicht!„

Arie.

So ſtehet ein Berg Gottes,
Den Fuſs, in Ungewittern,
Das Haupt, in Sonnenſtralen:
So ſteht der Held aus Kanaan.

Der Tod mag auf den Blitzen eilen,
Er mag aus hohlen Fluten heulen,

Er mag der Erde Rand zerſplittern:
Der Weiſe ſieht ihn heiter an.

So ſtehet ein Berg Gottes,
Den Fuß, in Ungewittern,
Das Haupt, in Sonnenſtralen:
So ſteht der Held aus Kanaan.

Choral.

Zu deiner Ehre will ich alle Plagen,
Schmach und Verfolgung, ohne Murren tragen;
Nach deinem Beyſpiel will ich ſelbſt mit Freuden
Den Tod erleiden.

Recitativ.

Da ſteht der traurige, verhängnißvolle Pfal.
Unſchuldiger! Gerechter! hauche doch einmal

Die

Die matt gequälte Seele von dir! —
Wehe! wehe!
Nicht Ketten, Bande nicht, ich sehe
Gespitzte Keile! — Jesus reicht die Hände dar,
Die theuren Hände, deren Arbeit Wohlthun war.
Auf jeden wiederholten Schlag durchschneidet
Die Spitze Nerv', und Ader, und Gebein.
Er leidet
Es mit Geduld, bleibt heiter, und hängt da,
Zur Schmach erhöht, voll Blut, in Todesschmerzen,
Am Golgatha. —
Ihr Männer Israels, o! ruft in eure Herzen
Erbarmung! Laßt die Rach' im Tode ruhn!
R. g. Kant.

Umſonſt. Die Väter höhnen ihn:
Ihr Hohn iſt bitter, grauſam fröhlich ihre
Mienen.
Und Jeſus ruft: „Mein Vater! ach! ver-
gieb es ihnen!
„Sie thun unwiſſend, was ſie thun.„

Duett.

A. *Feinde, die ihr mich betrübt,*
Wiſſet, daß mein Herz euch liebt:
Euch verzeihn iſt meine Rache.

B. *Die ihr mich im Unglück ſchmäht,*
Hört mein ernſtliches Gebet:
Daß euch Gott beglückter mache!

A. B. *Jeſu, wir ſind deine Kinder,*
Sanfter Held, wir folgen dir!

A. *Heilig iſt Gott Zebaoth,*
Und erträgt den Miſſethäter
Mit erbarmender Geduld.

B. *Mächtig ist der Welten Gott,*
Und häuft auf den Uebertreter
Seiner Rechte, Gnad' und Huld.

A. B. *Ihr nur eifert über Sünder,*
Grausam, Sünder, eifert ihr.

A. *Feinde, die ihr mich betrübt,*
Wisset, daß mein Herz euch liebt:
Euch verzeihn ist meine Rache.

B. *Die ihr mich im Unglück schmäht,*
Hört mein ernstliches Gebet:
Daß euch Gott beglückter mache!

A. B. *Jesu, wir sind deine Kinder,*
Sanfter Held, wir folgen dir!

Recitativ.

O! welch ein neuer Gräuel kränket
Den Heiligen in Israel! Wo find' ich ihn?
Hier unter Missethätern aufgehenket,
Woran erkenn' ich ihn? —

feiner Tugend. —
**mach, Folter, Todesangst vergißt er, und bedenket,
*aria, dein verlaßnes Alter, und ertheilt
*em Freunde seines Busens diesen letzten Willen:
O Jüngling, das ist deine Mutter!„ —
Dieser eilt,
(Ein Schüler Jesu!) sein Vermächtniß zu erfüllen:
Und Jesus sieht es an; —
Und wird noch mehr entzückt, und fühlet keine Wunden,
Weil er itzt einen Stral von Trost den trüben Stunden
Noch Eines reuerfüllten Sünders schenken kann.
Er kehrt sein Antlitz hin zu dem an seiner Seite
Gekreu-

Gekreuzigten Verbrecher, ihm zu prophezeihn:
„Ich sage dir, du wirst noch heute
„Mit mir im Paradiese seyn!„

Arie.

Singt dem göttlichen Propheten,
Der den Trost vom Himmel bringet:
Daß der Geist sich aufwärts schwinget;
Erdensöhne, singt ihm Dank!
Die du von dem Staube fliehest,
Und die rollenden Gestirne
Unter deinen Füßen siehest,
Nun genieße deiner Tugend!
Steig' auf der Geschöpfe Leiter
Bis zum Seraph! Steige weiter!
Seele, Gott sey dein Gesang!
Singt dem göttlichen Propheten,
Der den Trost vom Himmel bringet:
Daß der Geist sich aufwärts schwinget;
Erdensöhne, singt ihm Dank!

Chor. 1.

Chor 1.

Gelobet sey der Herr, der unsre Seelen erlöset hat, dafs sie nicht hinunter fahren ins Verderben.

Chor 2.

Gelobet sey der Herr! Er wird uns aus der Erde wieder auferwecken, und wir werden Gott in unserm Fleische sehen.

Chor 1. 2.

Selig sind die Todten, die in dem Herren sterben, von nun an!

Recitativ.

Auf einmal fällt der aufgehaltne Schmerz
Des Helden Seele wütend an: Sein Herz
Hebt

Hebt die gespannte Brust; — in jeder
 Ader wühlet
Ein Dolch; — sein ganzer Körper
 fliegt
Am Kreuz empor; — er fühlet
Des Todes siebenfache Gräuel; — auf
 ihm liegt
Die Hölle ganz; — er kann ihn nicht
 mehr fassen
Den Schmerz, der ihn allmächtig drückt,
Er ruft: „Mein Gott! mein Gott! wie hast
 du mich verlassen!„ — —
Auch diese finstre Stunde rückt
Vorbey. Nun seufzet er: „Mich dürstet!„
Ihn erfrischet
Sein Volk mit Wein, den es mit Galle
 mischet. — —
Nun steigt sein Leiden höher nicht;
Nun triumphirt er laut, und spricht:

„Es ist vollbracht! Empfang', o Vater, meine Seele!"
Und neigt sein Haupt auf seine Brust, — und stirbt.

Accompagnement.

Es steigen Seraphim von allen Sternen nieder,
Und klagen laut: Er ist nicht mehr!
Der Erde Tiefen schallen wieder:
Er ist nicht mehr!

Erzittre, Golgatha! er starb auf deinen Höhen.
O Sonne, fleuch! und leuchte diesem Tage nicht!
Zerreiße, Land, worauf die Mörder stehen!
Ihr Gräber, thut euch auf! ihr Väter, steigt aus Licht!

Das

Das Erdreich, das euch deckt,
Ist ganz mit Blut befleckt.

Er ist nicht mehr! So sage
Ein Tag dem andern Tage:
Er ist nicht mehr!
Der Ewigkeiten Nachhall klage:
Er ist nicht mehr!

Choral.

Ihr Augen weint!
Der Menschenfreund
Verläfst sein theures Leben.
Künftig wird sein Mund uns nicht
Lehren Gottes geben.

Solo.

Weinet nicht! es hat überwun-
den der Löwe vom Stamm Juda.

Choral.

Ihr Augen weint!
Der Menschenfreund
Sinkt unter tausend Plagen.
Konnte seine sanfte Brust
So viel Schmerz ertragen?

Solo.

*Weinet nicht! es hat überwunden
der Löwe vom Stamm Juda.*

Choral.

Ihr Augen weint!
Der Menschenfreund,
Der Edle, der Gerechte,
Wird verachtet, wird verschmäht,
Stirbt den Tod der Knechte.

Solo.

Solo.

*Weinet nicht! es hat überwunden
der Löwe vom Stamm Juda.*

Schlußchor.

Hier liegen wir gerührten Sünder,
O Jesu, tief gebückt,
Mit Thränen diesen Staub zu netzen,
Der deine Lebensbäche trank:
Nimm unser Opfer an!

Freund Gottes und der Menschen-
kinder,
Der seinen ewigen Gesetzen
Des Todes Siegel aufgedrückt,
Anbetung sey dein Dank!
Den opfre jedermann!

Hier liegen wir gerührten Sünder,
O Jesu, tief gebückt,
Mit Thränen diesen Staub zu netzen,
Der deine Lebensbäche trank:
Nimm unser Opfer an!

Die Auferstehung und Himmelfahrt Jesu.

Die Auferstehung und Himmelfahrt Jesu.

Chor.

Gott! du wirst seine Seele nicht in der Hölle lassen, und nicht zugeben, daſs dein Heiliger die Verwesung sehe!

Recitativ.

Judäa zittert! seine Berge beben!
Der Jordan flieht den Strand! —

Was

Was zitterst du, Judäens Land?
Ihr Berge, warum bebt ihr so?
Was war dir, Jordan, dafs dein Strom
            zurücke floh? —
Der Herr der Erde steigt
Empor aus ihrem Schoofs, tritt auf den
            Fels, und zeigt
Der staunenden Natur sein Leben. —
Des Himmels Myriaden liegen auf der
            Luft
Rings um ihn her; und Cherub Michael
            fährt nieder,
Und rollt des vorgeworfnen Steines Last
Hinweg von seines Königs Gruft.
Sein Antlitz flammt, sein Auge glühet.
Die Schaar der Römer stürzt erblafst
Auf ihre Schilde: „Flieht, ihr Brüder!
„Der Götter Rache trifft uns! fliehet!„

Arie.

Arie.

Mein Geist, voll Furcht und Freude,
bebet:
Der Fels zerspringt! die Nacht wird licht!
Seht, wie er auf den Lüften schwebet!
Seht, wie von seinem Angesicht
Die Glorie der Gottheit stralt!

Rang Jesus nicht mit tausend
Schmerzen?
Empfieng sein Gott nicht seine Seele?
Floß nicht sein Blut aus seinem
Herzen?
Hat nicht der Held in dieser Höhle
Der Erde seine Schuld bezahlt?

Mein Geist, voll Furcht und Freude,
bebet:
Der Fels zerspringt! die Nacht wird licht!

Seht, wie er auf den Lüften schwebet!
Seht, wie von seinem Angesicht
Die Glorie der Gottheit stralt!

Choral.

Triumph! Triumph! des Herrn
    Gesalbter sieget!
Er steigt aus seiner Felsengruft.
Triumph! Triumph! ein Chor von
    Engeln flieget
Mit lautem Jubel durch die Luft.

Recitativ.

Die frommen Töchter Zions gehn
Verwundernd durch des offnen Grabes
    Thür;
Und schaudernd fahren sie zurück. Sie
    sehn,

In Glanz gehüllt, den Boten
Des Ewigen, der freundlich spricht:
„Entsetzt euch nicht!
„Ich weiß, ihr suchet euren Todten,
„Den Nazaräer Jesus hier,
„Daß ihr ihn salbt, daß ihr ihn klagt.
„Hier ist er nicht vorhanden.
„Er hat es euch zuvor gesagt:
„Er lebt! er ist erstanden!„

Arie.

Sey gegrüßet, Fürst des Lebens!
Jauchzet, die sein Tod betrübte!
Er, den dieser Hügel deckte,
Jesus lebt; ihr klagt vergebens!
Sehet da, sein leeres Grab!

Der die Todten auferweckte,
Sollte der im Grabe bleiben?
Himmel! soll der Gottgeliebte,

Soll der Gottheit Sohn zerstäuben? —
Todesengel, lasset ab!
Sey gegrüßet, Fürst des Lebens!
Jauchzet, die sein Tod betrübte!
Er, den dieser Hügel deckte,
Jesus lebt; ihr klagt vergebens!
Sehet da, sein leeres Grab!

Recitativ.

Wer ist die Sionitinn, die vom Grabe
So schüchtern in den Garten flieht, und
weinet? —
Nicht lange. Jesus selbst erscheinet,
Doch unerkannt, und spricht ihr zu:
„O Tochter, warum weinest du?„ —
„Herr, sage, nahmst Du meinen Herrn
aus diesem Grabe?
„Wo liegt er? Ach! vergönne,
„Daſs ich ihn hole; daſs ich ihn
„Mit

„Mit Thränen netze; daſs ich ihn
„Mit dieſen Salben noch im Tode ſalben
  könne,
„Wie ich im Leben ihn geſalbt.„ —
              „Maria!„
So ruft mit holder Stimm' ihr Freund,
In ſeiner eigenen Geſtalt: „Maria!„ —
„Mein Meiſter! ach!„ — Sie fällt zu
          ſeinen Füſsen nieder,
Umarmt ſie, küſst ſie, weint. —
„Du ſollſt mich wieder ſehen!
„Noch werd' ich nicht zu meinem Vater
           gehen.
„Steh auf, und ſuche meine Brüder,
„Und meinen Simon! ſag': Ich leb', und
        will ihn ſehen.„

Duett.

A. *Vater deiner schwachen Kinder,*
   Der Gefallne, der Betrübte,
   Hört von dir den ersten Trost.

B. *Tröster der gerührten Sünder,*
   Die dich suchte, die dich liebte,
   Fand bey dir den ersten Trost.

A. B. *Tröster! Vater! Menschenfreund!*
   O! wie wird durch jede Zähre
   Dein erbarmend Herz erweicht!

A. *Sagt, wer unserm Gotte gleicht,*
   Der die Missethat vergiebet?

B. *Sagt, wer unserm Gotte gleicht,*
   Der den Missethäter liebet?

A. B. *Liebe, die du selbst geweint,*
   O! wie wird durch jede Zähre
   Dein allgütig Herz erweicht!

A. *Vater deiner schwachen Kinder,*
Der Gefallne, der Betrübte,
Hört von dir den erſten Troſt.

B. *Tröſter der gerührten Sünder,*
Die dich ſuchte, die dich liebte,
Fand bey dir den erſten Troſt.

A. B. *Tröſter! Vater! Menſchenfreund!*
O! wie wird durch jede Zähre
Dein erbarmend Herz erweicht!

Recitativ.

Freundinnen Jeſu! ſagt, woher ſo oft
In dieſen Garten? Habt ihr nicht gehört,
 er lebe?
Ihr zärtlichen Betrübten hofft
Den Göttlichen zu ſehn, den Magdalena
 ſah? —
Ihr ſeid erhört. Urplötzlich iſt er da,

Und Aloen und Myrrhen düftet fein Gewand:
„Ich bin es! feyd gegrüfst!„ Sie fallen zitternd nieder.
Sein Arm erhebt fie wieder:
„Geht hin in unfer Vaterland,
„Und fagt den Jüngern an: Ich lebe,
„Und fahre bald hinauf in meines Vaters Reich;
„Doch will ich alle fehn, bevor ich mich für euch
„Zu meinem Gott und eurem Gott gen Himmel hebe.„

Arie.

Ich folge dir, verklärter Held!
Dir, Erſtling der entſchlafnen Frommen!
Triumph! der Tod iſt weggenommen,
Der auf der Welt der Geiſter lag.

Dieß

*Dieß Fleisch, das in den Staub zer-
fällt,
Wächst fröhlich aus dem Staube
wieder.
O! ruht in Hoffnung, meine Glieder,
Bis an den großen Erndtetag!*

*Ich folge dir, verklärter Held!
Dir, Erstling der entschlafnen Frommen!
Triumph! der Tod ist weggenommen,
Der auf der Welt der Geister lag.*

Chor.

Tod! wo ist dein Stachel? dein
Sieg, o Hölle! wo ist er? —
Unser ist der Sieg! Dank sey Gott!
und Jesus ist Sieger!

Recitativ.

Dort seh ich aus den Thoren
Jerusalems zwey Schüler Jesu gehn.
In Zweifeln ganz, und ganz in Traurigkeit verloren,
Gehn sie durch Wald und Feld,
Und klagen ihren Herrn. Der Herr gesellt
Sich zu den Traurenden, umnebelt ihr Geficht,
Hört ihre Zweifel an, giebt ihnen Unterricht:
„Der Held aus Juda, dem die Völker dienen sollen,
„Muſs erst den Spott der Heiden,
„Und seines Volks Verachtung leiden.
„Der mächtige Prophet von Worten und von Thaten
„Muſs

„Muſs durch den Freund, der mit ihm aſs,
verrathen,
„Verworfen durch den andern Freund,
„Verlaſſen in der Noth von allen,
„Den böſen Rotten in die Hände fallen.
„Es treten Frevler auf, und zeugen wider ihn:
„So ſpricht der Mund der Väter.
„Der König Iſraels verbirgt ſein Angeſicht
„Vor Schmach und Speichel nicht.
„Er hält die Wangen ihren Streichen,
„Den Rücken ihren Schlägen dar.
„Zur Schlachtbank hingeführt, thut er den
Mund nicht auf.
„Gerechnet unter Miſſethäter,
„Fleht er für ſie zu Gott hinauf.
„Durchgraben hat man ihn, an Hand und
Fuſs durchgraben.
„Mit

„Mit Eſſig tränkt man ihn
„In ſeinem groſsen Durſt, und miſchet
                    Galle drein.
„Sie ſchütteln ihren Kopf um ihn.
„Er wird auf kurze Zeit von Gott verlaſ-
                    ſen ſeyn.
„Die Völker werden ſehn, wen ſie durch-
                    ſtochen haben.
„Man theilet ſein Gewand, wirft um ſein
                    Kleid das Loos.
„Er wird begraben, wie die Reichen;
„Und unverweſt am Fleiſch zieht Gott ihn
                    aus dem Schoofs
„Der Erd' hervor, und ſtellt ihn auf den
                    Fels. Er gehet
„In ſeine Herrlichkeit zu ſeinem Vater ein.
„Sein Reich wird ewig ſeyn,
„Sein Name bleibt, ſo lange Mond und
                    Sonne ſtehet.„ —

                                Die

Die Rede heilt der Freunde Schmerz.
Mit Liebe wird ihr Herz
Zu diefem Gaft entzündet.
Sie lagern fich. Er bricht das Brodt, und
faget Dank.
Die Jünger kennen feinen Dank,
Der Nebel fällt, fie fehn ihn, — Er
verfchwindet.

Arie.

Willkommen, Heiland! Freut euch,
Väter!
Die Hoffnung Zions ift erfüllt!
O! dankt, ihr ungebornen Kinder!
Gott nimmt, für eine Welt voll Sünder,
Sein großes Opfer an.

Der Heilige ftirbt für Verräther:
So wird des Richters Spruch erfüllt.
Er tritt das Haupt der Hölle nieder,

Er

Er bringet die Rebellen wieder:
Der Himmel nimmt uns an.

Willkommen, Heiland! Freut euch, Väter!
Die Hoffnung Zions ist erfüllt!
O! dankt, ihr ungebornen Kinder!
Gott nimmt, für eine Welt voll Sünder,
Sein großes Opfer an.

Choral.

Triumph! Triumph! der Fürst des
Lebens sieget!
Gefesselt führt er Höll' und Tod.
Triumph! Triumph! die Siegesfahne
flieget!
Sein Kleid ist noch vom Blute roth.

Recitativ.

Eilf auserwählte Jünger, bey verschlossnen Thüren,
Die Wut der Feinde scheuend, freuen sich,
Daſs Jesus wieder lebt. — „Ihr glaubt es, aber mich,„
Erwiedert Thomas, „soll kein falsch Gesicht verführen.„ —
„Ist er den Galiläerinnen nicht,
„Auch diesem Simon nicht erschienen?
„Sahn ihn nicht Kleophas und sein Gefährte dort
„Bey Emmahus? Ja hier, mein Freund, an diesem Ort,
„Sahn wir ihn alle selbst. Es waren seine Mienen,
„Die Worte waren seinen Worten gleich,
„Er

„Er aß mit uns.„ —,

„Betrogen hat man euch!
„Ihr selbst, aus Sehnsucht, habt euch gern
betrogen!
„Laßt mich ihn sehn, mit allen Nägel-
maalen sehn:
„Dann glaub' auch ich, es sey mein heif-
ser Wunsch geschehn.„ —
Und nun zerfließt die Wolke, die den
Herrn umzogen,
Der mitten unter ihnen steht, und spricht:
„Der Friede Gottes sey mit euch!
„Und du, Schwachgläubiger! komm, siehe,
zweifle nicht!„ —
„Mein Herr! mein Gott! ich seh, ich
glaub', ich schweige.„—
„So geh in alle Welt, und sey mein
Zeuge!„

Arie.

Arie.

*Mein Herr! mein Gott! mein Herr!
mein Gott!
Dein ist das Reich, die Macht ist dein!
So wahr dein Fuß diß Land betreten,
Wirst du der Erde Schutzgott seyn.
Jehovens Sohn wird uns vertreten!
Versöhnte, kommt, ihn anzubeten!
Erlöste, sagt ihm Dank!*

*Zu dir steigt mein Gesang empor,
Aus jedem Thal, aus jedem Hain.
Dir will ich auf dem Feld' Altäre,
Und auf den Hügeln Tempel weihn.
Lallt meine Zunge nicht mehr Dank:
So sey der Ehrfurcht fromme Zähre
Mein letzter Lobgesang!*

*Mein Herr! mein Gott! mein Herr!
mein Gott!*

*Dein ist das Reich! die Macht ist dein!
So wahr dein Fuß dieß Land betreten,
Wirst du der Erde Schutzgott seyn.
Jehovens Sohn wird uns vertreten!
Versöhnte, kommt, ihn anzubeten!
Erlöste, sagt ihm Dank!*

Choral.

Triumph! Triumph! der Sohn des
Höchsten sieget!
Er eilt vom Sühnaltar empor.
Triumph! Triumph! sein Vater ist
vergnüget;
Er nimmt uns in der Engel Chor.

Recitativ.

Auf einem Hügel, dessen Rücken
Der Oelbaum und der Palmbaum schmük-
ken,

Steht

Steht der Gesalbte Gottes. Um ihn ftehn
Die feligen Gefährten feiner Pilgrimm-
fchaft.
Sie fehn erftaunt von feinem Antlitz Stra-
len gehn.
Sie fehn in einer lichten Wolke
Den Flammenwagen warten, der ihn füh-
ren foll.
Sie beten an. — Er hebt die Hände
Zum letzten Segen auf: „Seyd meines
Geiftes voll!
„Geht hin, und lehrt,
„Bis an der Erden Ende,
„Was ihr von mir gehört:
„Das ewige Gebot der Liebe! — Gehet
hin,
„Thut meine Wunder! Gehet hin,
„Verkündigt allem Volke
„Verföhnung, Friede, Seligkeit!„—
Er

Er fagts, fteigt auf, wird fchnell empor getragen.
Ein ftralendes Gefolg' umringet feinen Wagen.

Arie.

Ihr Thore Gottes, öffnet euch!
Der König ziehet in fein Reich.
Macht Bahn, ihr Seraphinenchöre!
Er fteigt auf feines Vaters Thron.

Triumph! werft eure Kronen nieder!
So fchallt der weite Himmel wieder:
Triumph! gebt unferm Gott die Ehre!
Heil unferm Gott und feinem Sohn!

Ihr Thore Gottes, öffnet euch!
Der König ziehet in fein Reich.

Macht

Macht Bahn, ihr Seraphinenchöre!
Er steigt auf seines Vaters Thron.

Chor 1. *

Gott fähret auf mit Jauchzen, und der Herr mit heller Posaune. Lobsinget, lobsinget Gott! lobsinget, lobsinget unserm Könige!

Chor 2. **

Der Herr ist König! des freue sich das Erdreich! Das Meer brause! die Wasserströme frolocken! und alle Inseln seyn frölich!

Chor 1. 2. ***

Jauchzet, ihr Himmel! freue dich, Erde! lobet, ihr Berge, mit Jauchzen!

zen! Wer ift, der in den Wolken gleich dem Herren gilt, und gleich ift unter den Kindern der Götter dem Herrn? Lobet ihn alle feine Engel! Alles, was Odem hat, lobe den Herrn! Halleluja!

* Pf. 47. v. 6. 7.
** Pf. 97. v. 1. Pf. 98. v. 7. 8.
*** Jef. 49. v. 13. Pf. 89. v. 7. Pf. 148. v. 2. Pf. 150. v. 6.

Anhang.

Anhang.

Rhapsodie.

Zu dir entfliegt mein Gesang, o ewige
    Quelle des Lebens!
O du, von den Lippen danksagender Wei-
    sen Jehova gegrüsset,
Und Oromazes, und Gott! gleich grofs im
    Tropfen des Thaues,
Der hier vom Grase rollt, gleich grofs in
    der Sonne, die rastlos
Rund um sich an goldenen Seilen glück-
    selige Welten herumführt;
Im Wurme, der Einen bestäubeten Erndte-
    tag lebt, und im Cherub,
Der alle Naturen durchforscht, seit seiner
    undenklichen Jugend,
Und viele Glieder bereits an der Kette
    der Wesen verknüpft sieht,
Er selbst der oberste, doch in deiner Gröfse
    versinket,

                           (Wie

(Wie foll ich in menfchlicher Rede den Kindern der Erde dich nennen?)
O deines unendlichen Weltraums allbelebende Fülle! — —
Mit Schaudern verfenkt fich in Ihn mein Geift
 in den Tempeln der Wälder,
Auf himmelan ftrebenden Felfen, am Rande
 der braufenden Tiefe:
Und o! wie verfchwindet mir dann die finnliche Freude! wie werden
Mir alle Begierden erhöht! — Du Weltgeift, hier fteh ich verloren,
Auf einem Staube des Ganzen, und breite
 die Hände zu dir aus:
Erhältft du, wann einft diefs zarte Gewebe
 des Leibes fich auflöft,
Ein höheres Antheil von mir, fo foll die
 Bewunderung deiner
Mein langes Gefchäffte verbleiben, mein
 langer Gefang. : ; : .

E n d e.